gliocchiali
diAbele

Luigi Ciotti

Lettera a un razzista del terzo millennio

edizioni
GruppoAbele

Edizioni Gruppo Abele

corso Trapani 95 - 10141 Torino
tel. 011 3859500 - fax 011 389881
www.edizionigruppoabele.it
edizioni@gruppoabele.org

ISBN 978-88-6579-342-8

Progetto grafico di copertina
a cura di Elisabetta Ognibene

Stampato su carta *Cyclus offset*

Indice

Prologo

Due giorni prima di Natale una notizia ha fatto – per qualche ora – il giro del mondo: Sam, un bimbo nato tre giorni prima sulla costa libica dopo l'attraversamento del Sahara da parte della madre e salito con lei su un barcone, è stato salvato nel Mediterraneo dalla nave di una Ong. Di lì, per le sue precarie condizioni di salute è stato prelevato con un elicottero assieme alla madre e trasferito a Malta. Ma gli altri 309 migranti che erano con lui hanno continuato la loro odissea in mare, per una settimana e duemila chilometri, senza un porto disposto ad accoglierli. Due mesi prima, il 2 novembre, Amal è morta di fame a sette anni. Come centinaia di altri bambini yemeniti travolti da una guerra combattuta con armi costruite nel nostro Paese. La sua fotografia, il viso reclinato con gli occhi persi, le ossa a malapena ricoperte di pelle, le mosche sulle mani, ha provocato l'indignazione di un giorno. Quelle immagini sono rapidamente scomparse da quotidiani e telegiornali lasciando il posto alla retorica sgangherata dei porti chiusi e agli insulti, crudeli e volgari, nei confronti dei migranti (sui social e non solo). Eppure, Sam, Amal e le altre centinaia di migliaia come loro non sono dei numeri ma delle persone: come me, come te che stai leggendo.

È questa situazione che mi ha spinto a scrivere. Non sono abituato a farlo. Preferisco i fatti con il loro linguaggio, silenzioso ma vero. **Eppure di fronte all'ingiustizia che monta intorno a noi non si può più stare zitti.** Ce lo ha ricordato – con la consueta forza e chiarezza – il papa che, il 26 marzo scorso, in piazza San Pietro si è rivolto ai giovani con queste parole: «Sta a voi non restare zitti. Se gli altri tacciono, se noi anziani e responsabili, tante volte corrotti, stiamo zitti, se il mondo tace e perde la gioia, vi domando: voi griderete? Per favore, per favore, decidetevi prima che gridino le pietre».

Per questo ho deciso di scrivere. Proprio a te, coinvolto nella ubriacatura razzista che attraversa il Paese. Una ubriacatura a cui partecipi forse per convinzione o forse solo per l'influenza di un contesto in cui prevalgono le parole di troppi cattivi maestri e predicatori d'odio, che tentano di coprire così l'incapacità di chi ci governa (e ci ha governati) di assicurare a tutti, compresi i più poveri, condizioni di vita accettabili.

Secondo te, le difficoltà in cui viviamo e le incertezze sul presente e sul futuro sono colpa dei migranti che ci portano via il lavoro, che sporcano, che rubano, che hanno aggiunto nuovi problemi a quelli che già avevamo. E che, dunque, devono starsene a casa loro. Io non credo che le cose stiano così. Le migrazioni non vanno sottovalutate ma governate in un modo intelligente ed è necessario parlarne senza rimozioni. Ma se non si arresta il modo di pensare oggi prevalente gli effetti saranno devastanti. Ancora più devastanti di quelli che già vediamo intorno a noi.

Non mi sento, comodamente e presuntuosamente, dalla parte giusta. La parte giusta non è un luogo dove stare; è, piuttosto, un orizzonte da raggiungere. Insieme. Ma nella chiarezza e nel rispetto delle persone. Non mostrando i muscoli e accanendosi contro la fragilità degli altri.

1. Ingiustizie

Hai certamente delle ragioni.

Non viviamo in un bel mondo. Lo vedo dalla *strada*, luogo di povertà, di bisogni, di linguaggi, di relazioni e di domande in continua trasformazione, in cui sono immerso da oltre cinquant'anni. Da quando, appena diciassettenne, ho incontrato una persona che mi ha cambiato la vita. Ero uno studente e tutte le mattine percorrevo la stessa strada per andare a scuola, a Torino. Notai un uomo sdraiato su una panchina, in condizioni di estremo disagio. Lo vidi altre volte, sempre lì, e cominciai a parlare con lui. Mi raccontò la sua storia: era un ex medico, un uomo che era stato molto stimato e molto amato. All'improvviso, però, tutto precipitò. Una sera, si ubriacò. Era la prima volta che gli succedeva, ma proprio in quell'occasione venne chiamato per un intervento d'urgenza. L'operazione non riuscì bene. Fu la sua fine: non riuscì a superare il senso di colpa, si autoescluse. In poco tempo andò alla deriva, divenendo un *clochard* (così cambiano, possono cambiare, le condizioni di vita di ciascuno!). Ecco, quell'uomo cambiò la mia esistenza e fu all'origine della fondazione del Gruppo Abele.

Oggi l'esperienza della *strada* mi dice che stiamo peggio di allora.

Se non ti basta l'esperienza, ci sono le rilevazioni statistiche che ci danno il quadro della situazione. Secondo gli ultimi dati dell'Istat, relativi al 2017, la povertà in Italia ha raggiunto il livello massimo dal 2005. Sono in condizioni di povertà assoluta, cioè senza i mezzi per vivere con dignità, un milione 778.000 famiglie (pari al 6,9 per cento del totale), ovvero cinque milioni 58.000 persone (pari all'8,4 per cento dei residenti). Dunque, è in condizione di povertà assoluta una persona su 12. Pensa che nel 2005 – l'altro ieri, se ci pensi – i poveri assoluti erano circa due milioni, molto meno della metà di oggi. Se poi guardiamo alla cosiddetta povertà relativa (la situazione di quelli che fanno sempre più fatica a pagare le bollette, a curarsi, a conservare la propria abitazione, ad arrivare alla terza settimana del mese senza ricorrere all'aiuto di parenti e amici, del banco alimentare o delle organizzazioni "caritatevoli"), ci troviamo coinvolte tre milioni 171.000 famiglie, ovvero nove milioni 368.000 persone. Converrai con me che sono numeri pazzeschi. Aggiungi che i disoccupati sono circa 3 milioni, pari al 10,5 per cento della forza lavoro (ponendoci a un non invidiabile terzo posto in Europa) e che la disoccupazione giovanile supera il 31 per cento. Per la prima volta negli ultimi settant'anni, i giovani stanno peggio degli anziani. E si è poveri anche se si lavora: più dell'11 per cento dei poveri assoluti, e il 20 per cento dei poveri relativi, sono operai o comunque impegnati come manodopera.

Dunque, se ci si guarda attorno e non ci si lascia ingannare dai "ristoranti pieni" che periodicamente qualcuno evoca, c'è una povertà reale, crescente e diffusa. E, soprattutto, c'è la disuguaglianza, che è più intollerabile della povertà. Pensa che in Italia – secondo i dati del rapporto Oxfam del gennaio 2019, relativo alla situazione a metà del 2018 – il cinque per cento della popolazione possiede una quantità di ricchezza pari a quella del 90 per cento più povero. In termini più analitici, il 20 per cento della popolazione detiene il 72 per cento della ricchezza nazionale netta mentre il 60 per cento più povero ne possiede soltanto il 12,4 per cento.

Non basta. Il lavoro, quando c'è, è sempre più precario e senza diritti; venti milioni di italiani (pari a uno su tre) sono analfabeti "funzionali", cioè – secondo la definizione dell'Unesco – «incapaci di comprendere, valutare, usare e farsi coinvolgere da testi scritti per intervenire attivamente nella società, per raggiungere i propri obiettivi e per sviluppare le proprie potenzialità», e quasi sei milioni sono totalmente analfabeti; la corruzione aumenta a dismisura; si consolidano le mafie e nascono nuove organizzazioni criminali; incombono vere e proprie catastrofi ambientali.

Come vedi – proprio perché la conosco – non sottovaluto né minimizzo la situazione. Ma sei sicuro che la causa di tutto questo siano i migranti o che, comunque, essi c'entrino qualcosa con l'impoverimento e le disuguaglianze?

I fatti dicono di no e prendersela con chi non c'entra nulla non fa che aggravare il problema.

L'inversione di tendenza, quando cioè i figli hanno cominciato a stare peggio dei padri, è cominciata già alla fine degli anni Ottanta, e dunque ben prima che nel nostro Paese si affacciasse l'immigrazione. In realtà la ragione della crisi sta nell'affermarsi, a livello politico globale, dell'idea che il mondo attuale è non solo il migliore ma l'unico possibile. La situazione si riassume nello slogan «è l'economia, bellezza!», incurante della circostanza che «economia» è una definizione astratta che non dice nulla mentre le impostazioni economiche sono molte ed eterogenee. Quella liberista oggi dominante è solo una delle opzioni possibili: un'opzione che produce un sistema ingiusto alla radice.

Di fronte alla crescita del disagio esistenziale, si sta consolidando la sensazione che si tratti di una cosa inevitabile; da qui la tendenza a rimuoverlo o a governarlo in maniera repressiva, ignorando la sofferenza delle persone. È accaduto per la povertà, per la marginalità, per la devianza. Accade oggi per l'immigrazione. Ma è facile comprendere che si tratta di un diversivo per non affrontare i problemi reali.

Non sono un economista, ma vedo e tocco con mano la sofferenza della *strada*. E so che, se non si cambia prospettiva e se non si individuano nuovi modelli di sviluppo, cresceranno ingiustizia e povertà. Ciò pone in modo prepotente la necessità di scelte politiche impegnative e radicali. Scelte che il razzismo elude, dirottando la rabbia sociale contro il capro espiatorio dei migranti.

2. Razzismo

Parliamo del razzismo, dunque.

Comincio con un fatto che certamente ricordi. Tre anni fa la foto del piccolo Aylan, il bambino curdo annegato su una spiaggia turca mentre cercava di fuggire dalla guerra insieme ai genitori, emozionò il mondo e provocò persino qua e là (a cominciare dalla Germania) un affievolirsi della rigidità nella chiusura delle frontiere. Oggi, immagini simili, pur cresciute a dismisura, non determinano reazioni di solidarietà e neppure di pietà. Al contrario, spesso provocano, nei social e non solo, commenti rabbiosi e cinici verso i migranti e addirittura verso chi prova a soccorrerli o semplicemente esprime dolore e compassione per quelle vite perse ingiustamente. Forse anche da parte tua o di persone che conosci e apprezzi.

È un sintomo, un segnale inquietante. **Il razzismo, dopo essere stato per decenni un tabù, incombe oggi sul nostro Paese. Parlo del razzismo nella sua accezione più cruda, cioè della pulsione ostile, aggressiva nei confronti di chi è percepito come diverso: per il colore della pelle o per abitudini di vita, lingua, religione.** Tutte cose riassunte nel termine "razza", pur privo di ogni attendibilità scientifica. A seconda dei luoghi e delle epoche, il razzismo si è manifestato contro popoli, comunità, persone, provocando sofferenze, guerre, tragedie. Noi lo abbiamo vissuto ottant'anni fa nei confronti degli ebrei (e sappiamo com'è finita). Oggi si manifesta nei confronti dei migranti, soprattutto di quelli con la pelle nera.

Il razzismo ha diverse facce. Non solo l'insulto da bar, l'appellativo di "orango" elargito a una ministra di origini africane, il lancio di banane o l'ululato allo stadio all'indirizzo di calciatori di colore, l'affermazione – anche in sede istituzionale – della superiorità della "razza bianca", la falsa affermazione che i migranti (quasi novelli *untori*) "portano malattie". Rientrano in esso centinaia di gesti quotidiani di intolleranza, di emarginazione, di odio. I sempre più frequenti episodi di violenza, verbale e ormai anche fisica, verso persone immigrate sono il frutto di questo clima culturale e politico.

Certo, la domanda "gli italiani sono razzisti?", come ogni domanda che parte da una generalizzazione (gli "italiani"), è mal posta.

Ma è innegabile, nel Paese, una crescente avversione nei confronti delle persone straniere, che si manifesta in diversi modi. A cominciare dal linguaggio dei media (i titoli di alcuni giornali – *Libero*, *il Giornale*, *la Verità* e non solo – seguono un copione costante: "ci invadono", "ci costano troppo", "sono dei privilegiati") e dalla strategia di certi programmi televisivi che, invece di aiutare ad analizzare il problema, gettano benzina sul fuoco, alimentando il pregiudizio. Alla retorica *buonista*, accusata di idealizzare l'immigrato, si contrappone con sempre più spudoratezza la retorica *cattivista*, fondata su una sorta di fierezza, quasi un compiacimento della malvagità.

A costruire il razzismo contribuisce una politica che per anni ha speculato sulla sicurezza, soffiando sul fuoco per poi presentarsi come pompiere. C'è chi ha costruito il consenso annunciando espulsioni di massa, organizzando ronde, dipingendo lo straniero come un usurpatore, un nemico. In questo contesto non c'è da stupirsi che qualcuno si senta autorizzato a passare ai fatti, convinto che il nostro problema non siano le mafie, la corruzione o la recessione economica o una politica incapace di rispondere ai bisogni dei cittadini, ma coloro che hanno una pelle di diverso colore.

Ricordi il gesto di quel giovane che il 3 febbraio del 2018, a Macerata, ha sparato all'impazzata scegliendo come bersaglio persone di pelle scura, per poi consegnarsi alla polizia avvolto nel tricolore? E poi – cito a memoria alcuni dei casi più noti – ricordi gli omicidi di Idy Diene, ambulante senegalese ucciso a Firenze, e di Soumalya Sacko, stessa sorte a San Calogero (Reggio Calabria)? Non sono fatti avvenuti negli anni Cinquanta e nel profondo Sud degli Stati Uniti. Sono misfatti dei giorni nostri e della nostra Italia.

Anche le leggi contribuiscono a dare diritto di cittadinanza al razzismo. Da tempo, nel nostro sistema, le misure sanzionatorie prevalgono di gran lunga, nonostante la loro sperimentata inefficacia, su quelle volte a favorire l'integrazione. Si è partiti con la legge Turco-Napolitano (che per prima ha introdotto la detenzione amministrativa, cioè una sorta di carcere per i migranti irregolari), a cui ha fatto seguito la Bossi-Fini. E poi si è arrivati, nel 2008, a configurare "l'essere straniero come reato", un postulato da cui sono discese ordinanze discriminatorie di ogni tipo da parte di sindaci (alcune delle quali annullate dai tribunali per violazione del principio di uguaglianza) e inasprimenti repressivi del Testo unico sull'immigrazione. Fino al decreto legge Minniti-Orlando (2017), che restringe le garanzie processuali per i richiedenti asilo e parallelamente estende i centri di detenzione per i migranti irregolari. Per arrivare al decreto Salvini, convertito in legge nel dicembre 2018, che abolisce il permesso di soggiorno per motivi umanitari, sostituito solo parzialmente, in modo molto limitato e restrittivo, da altri tipi di permesso; raddoppia il periodo di detenzione amministrativa nei centri di permanenza per i rimpatri; smantella il Sistema di protezione per richiedenti asilo e rifugiati gestito dai Comuni;

prevede la predisposizione di un elenco di "Paesi d'origine sicuri", in base al quale le domande di protezione internazionale di coloro che provengono da quei territori verrebbero velocemente respinte tramite procedure accelerate; prevede addirittura la revoca della cittadinanza in caso di condanna per alcuni gravi reati qualora la stessa cittadinanza sia stata acquisita da persona in precedenza straniera.

Ad essere messa in discussione, e minata nel suo fondamento, è qui l'universalità dei diritti e, insieme, l'idea di uguaglianza degli esseri umani, un'idea presente nel pensiero cristiano, ma anche in quello socialista e liberale, oltre che nella nostra Costituzione. Aggiungo che l'inasprimento repressivo non c'entra niente con la sicurezza, che è un diritto sacrosanto e di tutti: sicurezza è vivere in libertà insieme agli altri, non a scapito degli altri. È costruire una società responsabile, fondata su diritti e doveri, dove ogni persona sia riconosciuta nella sua inviolabile dignità.

Persino lo sport, il giardino delle giostre quando si è bambini, il primo campo di gioco della vita, può diventare talora, da adulti, un terreno minato dalla violenza del razzismo. Eravamo tutti con il fiato sospeso nel vedere la nostra nazionale di volley lottare per l'oro mondiale contro la Serbia. Come dimenticare l'energia che avevano in corpo Paola Egonu e Miriam Sylla, in ogni battuta, in ogni schiacciata, per mettere anche al nostro Paese una medaglia al collo? E cosa si può dire dei colpi di testa e dei contrasti di Koulibaly, uno dei più forti difensori del nostro calcio? E i sorrisi della staffetta azzurra della 4x400 metri che vince l'oro ai Giochi del Mediterraneo? Italiane di Nigeria, Cuba, Sudan, Costa d'Avorio. Miriam, Paola, Maria Benedicta, Ayomide, Libania, Raphaela, si battono per l'Italia, come se fosse la loro. La meraviglia è che "è" la loro. Italiane nere. Conta di più il sostantivo o l'aggettivo? Italiane o nere? Koulibaly si è fatto espellere in una partita importante a Milano, lui che è un calciatore correttissimo, perché non ne poteva più dei "buuu" che accompagnavano ogni sua entrata sul pallone. Era giusto o no, secondo te, sospendere quella partita, visto che il regolamento del calcio lo prevede in casi di razzismo? La mia risposta è sì, era giusto, ma non è stato fatto. E così, ancora una volta, invece dei colpevoli, ha pagato la vittima. Lo sport è, o potrebbe essere, una grande occasione di gioia condivisa e persino di fratellanza. E allora forse tocca a noi, diciamo dal basso, ribellarci tutte le volte che la gioia e la fratellanza vengono sporcate da chi, in nome del tifo che diventa malattia, confonde il sostegno alla sua squadra con l'odio per quella "nemica". I bambini, i ragazzi, ci guardano, perché lo sport li appassiona, li fa emozionare, li fa sognare. Violentare questo sogno è un peccato mortale anche e soprattutto verso di loro.

Attenzione! Il razzismo e la mancanza di compassione e sensibilità per la sofferenza e il destino di altre persone preparano esiti bui. Pensaci. Che cos'hanno alle spalle il nazismo e la Shoa se non il razzismo, l'indifferenza diffusa, la degradazione della coscienza collettiva? Il nostro futuro, sociale e individuale, dipende da come rispondiamo e risponderemo alla questione dei migranti: sono loro che interrogano la nostra umanità. Non ci serve il razzismo, ma il suo contrario, anche se chi lo contrasta deve essere coerente e rigoroso. Più di quanto lo sia stato sino ad oggi.

E poi, egoisticamente, combattere il razzismo significa investire in futuro. C'è, in un recente intervento di Igiaba Scego (brillante scrittrice italiana di origine somala), un passaggio davvero illuminante:

> In un momento di incertezza come questo, dove l'Italia e il Sud Europa sono esposti a mille pericoli, ci conviene fare la guerra a chi è più a sud di noi? Che Dio non voglia, ma se un giorno negassero il viaggio legale anche a noi che abbiamo ora passaporti considerati forti? Basta un cambio di rotta negli equilibri politici ed economici o qualche sfortunato evento che ci schiaccia verso il basso nella scala dei poteri globali. Nulla di così improbabile purtroppo. Negli anni Sessanta i somali, belli, eleganti, facevano belle feste davanti al mare con aragoste e branzini; se qualcuno allora avesse detto loro che i figli e i nipoti avrebbero preso un barcone (e non l'aereo come loro) per andare in Europa, facendosi ricattare, stuprare, imprigionare, non ci avrebbero creduto. Avrebbero scos-

so la testa dicendo "a noi mai", avrebbero riso probabilmente. E invece è successo. Il futuro è sempre incerto, amici miei. Preoccuparsi per i diritti degli altri non è buonismo, ma significa anche (oltre ad essere segno di umanità) preoccuparsi dei propri. Perché non si sa a chi toccherà la prossima volta il fato avverso. Almeno affrontiamolo tutti quanti con dei diritti in tasca. Datemi retta, lo so per esperienza, è meglio.

Lo so, il razzismo è a volte provocato o alimentato da situazioni di disagio reale, abilmente sfruttate da seminatori di odio. E non basta, per rimuoverlo, richiamare princìpi, pur sacrosanti, come la solidarietà e la generosità. Sono convinto – e in questa direzione, nel mio piccolo, mi muovo – che quel disagio vada affrontato concretamente, senza sensi di superiorità e con risposte efficaci, avendo come obiettivo non soltanto la solidarietà ma il diritto e la giustizia sociale per *tutti*.

Per farlo bisogna avere il coraggio di sfatare, insieme, alcuni luoghi comuni.

3. Invasioni

Il primo luogo comune che alimenta il razzismo, diffuso a piene mani da media e politici, è quello della invasione in atto. Lo dici anche tu: «Gli stranieri sono troppi, vivono alle nostre spalle e, per di più, spacciano, rubano e violentano. Basta guardare nei portoni o nei giardinetti vicino a casa. Meno male, dunque, che c'è finalmente qualcuno che gli stranieri non li fa entrare e, se sono entrati, li rimanda al Paese da dove sono partiti (o impone ad altri, in Europa, di occuparsene). E chi poi gli stranieri proprio li vuole, se li porti a casa sua».

Andiamo con ordine. Ci sono in queste affermazioni dei pezzi di verità. Ma, come spesso accade, su di essi si costruisce una rappresentazione falsa e deformata, grazie anche a un'informazione in cerca di *audience* e a una politica affamata di consenso.

Cominciamo dai numeri e dai fatti, che non sono tutto ma che – come si dice – hanno la testa dura.

Sai quanti sono i migranti in Italia? Cinque milioni 65.000 persone, di cui tre milioni 714.000 (pari al 6,1 per cento della popolazione residente) non comunitari. Questi ultimi vengono in prevalenza dall'Europa dell'Est e, poi, dall'Africa (poco più di un milione), dall'Asia (un milione) e dal Centro e Sud America (400.000). Più della metà – forse ti stupirà saperlo – sono donne. Ci sono, poi, gli stranieri che hanno ottenuto la cittadinanza italiana, cessando così di essere tali (180.000 nel 2016), e i cosiddetti irregolari o clandestini (privi, cioè, di permesso di soggiorno, ma non per questo necessariamente *problematici*), stimati in poco più di 400.000. I nuovi ingressi si sono stabilizzati in circa 200.000 ogni anno e avvengono in modi e con titoli diversi: per motivi familiari, umanitari, di studio e via elencando.

Aggiungo che gli arrivi dal mare su malfermi barconi, lungi dall'essere la regola, sono l'eccezione. E la maggior parte di chi approda sulle nostre coste lo fa per proseguire il suo difficile viaggio verso i Paesi del Centro e Nord Europa, considerando l'Italia solo un luogo di transito. **Nel nostro Paese c'è uno straniero ogni quindici cittadini e gli irregolari sono meno di uno ogni centoquaranta cittadini.** Un numero significativo ma non certo un'invasione e, in ogni caso, inferiore a quello dei Paesi europei a noi più simili: la Germania, dove gli stranieri sono 9 milioni 845.000, pari al 12 per cento della popolazione, con un incremento di un milione 886.000 nel biennio 2015-2016, o la Spagna nella quale gli immigrati sono 6 milioni 466.000 (pari al 14 per cento dei residenti). E pensa che nella *felice* Svizzera gli stranieri sono ben il 23 per cento degli abitanti! A dimostrazione che l'affermazione secondo cui siamo sempre noi italiani a dover accogliere mentre gli altri Paesi europei si defilano è vera in alcuni casi ma, se viene generalizzata, è un falso. E la cosa vale anche di fronte alle emergenze, che non hanno riguardato e non riguardano solo il Mediterraneo. Ricordiamoci che tra il 1996 e il 1998, durante la guerra in Bosnia, la Germania ha accolto più di 400.000 profughi all'anno, provenienti quasi tutti dall'ex Jugoslavia.

C'è un dato, spesso taciuto o ignorato, che ci dice molto su migrazioni e invasioni. Nel 2017 – ben prima della "chiusura dei porti" attuata dal Governo in carica – sono sbarcati in Italia dal Mediterraneo (sottolineo *sbarcati* perché molti, come si è detto, hanno poi proseguito il loro viaggio per altri lidi) 119.369 stranieri. Ebbene nello stesso periodo sono emigrati 128.193 italiani: di tutte le età e verso le più diverse destinazioni (il 47 per cento verso l'America, il 45 per cento verso altri Paesi europei, il 6 per cento verso l'Australia e l'1 per cento verso l'Africa). Il saldo tra la *loro* invasione e la *nostra* "fuga di cervelli" è di -8.824 persone. In entrambi i casi si tratta di persone alla ricerca di una vita migliore o di una vita *tout court* (e tieni conto che nel nostro Paese non ci sono, per fortuna, né guerre né carestie). C'è una sola, grande, differenza: che i *nostri* migranti quando si spostano (almeno se lo fanno in Europa) non trovano porti o confini chiusi e si vedono riconosciuta una serie di tutele.

La grande maggioranza degli immigrati è socialmente inserita e lavora o studia. Parliamo, ovviamente, di chi ha il permesso di soggiorno, perché gli altri non sono compresi nelle statistiche. Anche qui, pochi numeri: gli occupati stranieri nel nostro Paese sono il 10,5 per cento della popolazione attiva (in linea con l'incidenza sulla popolazione complessiva, considerato che l'età media dei migranti è inferiore a quella degli italiani) e producono il 9,9 per cento del nostro Pil. Mediamente hanno retribuzioni inferiori e lavorano soprattutto nel settore alberghiero e della ristorazione, nell'edilizia, nell'agricoltura e nei servizi di cura alle persone. Ci rubano il lavoro? Non certo negli ultimi settori indicati, da anni abbandonati dagli italiani e in cui sono frequenti le situazioni di sfruttamento (basta pensare alla raccolta dei pomodori in Puglia o in Campania, e non solo). Una concorrenza forse c'è in altri settori, ma certo non più di quanto accade per i lavoratori italiani all'estero, che, come in passato, continuerebbero ad andarsene anche se, per incanto, l'Italia non fosse più toccata da migrazioni.

L'immigrazione in generale è, dunque, un fenomeno che non ha nulla di eccezionale e che, anzi, è in buona parte una risorsa. Pensa al fatto che l'Italia è sempre più un Paese di persone anziane e che solo l'immissione di lavoratori stranieri consente di sostenere diversi settori dell'economia e di pagare, con i versamenti contributivi, le pensioni di vecchiaia.

Ma immaginiamo, soprattutto, che cosa accadrebbe se improvvisamente sparissero le badanti straniere che suppliscono alle carenze del nostro welfare assistendo vecchi e bambini.

Certo, ci sono i circa 450.000 irregolari, o in attesa di risposta a una richiesta di protezione o di asilo, che – si dice – spacciano, rubano, violentano o comunque non fanno niente tutto il giorno creando disordine, insicurezza, paura.

Soffermiamoci, dunque, su di loro. Ci sono, in queste affermazioni, alcuni, limitati, aspetti di verità. Limitati e non generalizzabili perché la gran parte di quei migranti – pensiamo alle decine di migliaia di lavoratori agricoli in nero – non delinque e non se ne sta certo con le mani in mano. Alcuni irregolari spacciano e commettono reati. È vero. Ma qual è la ragione? Pensi forse che siano *antropologicamente* diversi da noi o dai loro compagni che studiano e lavorano nel nostro Paese? Non ti sembra una spiegazione un po' debole? Una buona parte della risposta sta in una politica (di destra e di sinistra) dal fiato corto; sta nel deficit di programmazione che li ha lasciati – dopo il loro arrivo in Italia – senza seri interventi di sostegno, ammucchiati in grandi strutture inadeguate, senza possibilità di lavoro, esposti alle proposte della malavita organizzata (italiana e straniera). Creando così una sorta di *polveriera* pronta a esplodere.

Che cosa occorrerebbe? La risposta non è difficile: occorrerebbe una politica capace di costruire una convivenza garantita da diritti e da doveri condivisi, dall'opportunità data a tutti di vivere una vita libera e dignitosa, anche organizzando e sostenendo la rete di famiglie e realtà associative, religiose e laiche, impegnate in attività di accoglienza, sostegno, educazione alla socialità. È una politica coerente in questa direzione che è mancata e che ha fortemente aggravato il problema.

Non c'è in questo atteggiamento nessun ingenuo *buonismo* ma solo ragionevolezza. E, a proposito di *buonismo* sulla pelle degli altri, vorrei ricordarti, da un lato, che non ho mai giustificato i delitti commessi dagli stranieri o sostenuto politiche di impunità e, dall'altro, che nella frequente latitanza dello Stato sono stati in molti (associazioni, parrocchie, famiglie) che hanno preso i migranti a casa propria o hanno aperto le porte delle loro strutture. La provocazione "prendeteli a casa vostra" è già una realtà. Non basta e non può sostituire la politica, ma è già una verità.

Non basta. Per comprendere appieno la situazione dobbiamo avere lo sguardo più lungo. Le migrazioni infatti – che ti piaccia o no – sono ineluttabili. Di più, sono la storia del mondo. Le grandi migrazioni sono in buona parte deportazioni indotte. Nessuno abbandona terra, casa e affetti se non costretto da povertà e guerre di cui l'Occidente è in gran parte responsabile. Si tratta, dunque, di un fenomeno che bisogna governare e non esorcizzare.

Dei 7 miliardi 550 milioni di persone che abitano oggi il mondo, solo un miliardo 260 milioni vive nei Paesi più sviluppati mentre 6 miliardi 290 milioni vivono (o sopravvivono) in quelli variamente poveri. La popolazione mondiale cresce al ritmo di 83 milioni di esseri umani ogni anno: anche qui, soprattutto nei Paesi più disagiati (Medio Oriente, Africa subsahariana, Sud Est asiatico, America Latina), mentre in quelli più ricchi, tra cui l'Italia, si verifica prevalentemente una diminuzione.

Sono 357 milioni i bambini – uno su sei al mondo – che vivono in zone colpite da conflitti (per esempio Siria, Afghanistan, Somalia, Africa e Medio Oriente): un numero cresciuto del 75 per cento rispetto a 25 anni fa, quando i minori che vivevano in quei contesti erano 200 milioni. Pensa che tra il 2005 e il 2016 si sono registrati oltre 15.300 interventi militari che hanno avuto come obiettivo scuole e strutture sanitarie. Secondo l'Unicef, i bambini migranti e rifugiati sono circa 30 milioni; soltanto nel 2017, ne sono morti 6 milioni 300.000. La maggior parte di queste morti – 5 milioni 400.000 – avviene nei primi 5 anni di vita e circa la metà riguarda i neonati. I Paesi dove muoiono più bambini sotto i 5 anni sono la Somalia (127 su 1.000), il Ciad (123), la Repubblica Centrafricana (122), la Sierra Leone (111) e il Mali (106).

Eppure – come ricorda il mio "fratello" Alex Zanotelli che in Africa, nelle baraccopoli del Kenya, ha vissuto per molti anni – chi, in Italia, parla del Sud Sudan (il più giovane Stato dell'Africa), invischiato in una paurosa guerra civile che ha già causato almeno 300.000 morti e milioni di persone in fuga? Chi parla del Sudan, retto da un regime dittatoriale in guerra contro i Nuba, popolo martire dell'Africa, e contro le etnie del Darfur? Chi parla della Somalia in guerra civile da oltre trent'anni con milioni di rifugiati? Chi parla dell'Eritrea, schiacciata da uno dei regimi più oppressivi, con centinaia di migliaia di giovani in fuga verso l'Europa? Chi parla del Centrafrica, che continua ad essere dilaniato da una guerra civile che sembra non finire mai? Chi parla della drammatica situazione della zona dal Ciad al Mali, dove i violenti gruppi integralisti musulmani potrebbero costituire un nuovo Califfato dell'Africa nera? Chi analizza a fondo la situazione caotica in Libia, dov'è in atto uno scontro fra bande e tribù? Chi parla di quanto avviene nel cuore dell'Africa, soprattutto in Congo, da dove arrivano i nostri minerali più preziosi? Chi parla dei trenta milioni di persone a rischio di morte per fame in Etiopia, Somalia, Sud Sudan, nord del Kenya e attorno al Lago

Ciad, che subiscono la peggior crisi alimentare degli ultimi cinquant'anni secondo l'ONU?

Ti sembra che in questa situazione le migrazioni verso i Paesi più sviluppati (tra cui l'Italia) possano diminuire o essere arrestate con muri o respingimenti in mare? E se anche si potessero costruire muri, non pensi che essi alimenterebbero ulteriormente rancori, guerre e terrorismo internazionale (un terrorismo che è provocato dalle disuguaglianze, assai più che dalle ragioni religiose di cui si ammanta)? E in ogni caso, con quale coraggio (e serietà) si può definire una "pacchia" la fuga da guerre e fame? O parlare di "falsi rifugiati"? O evocare migranti che "ci invadono senza chiedere il permesso e senza dire grazie" (tra l'altro ignorando – o fingendo di ignorare, per ragioni di propaganda – che la maggior parte dei migranti irregolari non arriva su barconi scassati ma su aerei o treni con visti temporanei poi non rinnovati)?

Caso mai ci si dovrebbe sorprendere che le migrazioni siano così ridotte. E soprattutto si dovrebbe ragionare su come governare, oggi e in prospettiva, il fenomeno, anziché cercare di esorcizzarlo come si fa con la propaganda razzista. Una propaganda che, oltre ad essere disumana, fa promesse impossibili da mantenere.

4. «Prima gli italiani»

Il secondo luogo comune che accompagna il racconto propagandistico dell'invasione è quello secondo cui i migranti sono dei privilegiati che vivono alle nostre spalle mentre, proprio perché in Italia aumenta la povertà, la priorità dovrebbe essere quella di «occuparsi degli italiani».

Partiamo dalla prima affermazione: ripetuta ossessivamente, ha creato fortune politiche e consenso elettorale ma, a ben guardare, è tanto suggestiva quanto ingannevole. Prima di commentarla, lasciami dire una cosa. Oggi più che mai è urgente una bonifica delle parole: troppa retorica, troppa demagogia, troppo spaccio di illusioni. Eppure le parole dovrebbero essere la via di accesso alla verità, non lo strumento per manipolarla!

Torno al punto. Anzitutto non è vero che i migranti vivano alle nostre spalle. Non è vero sia per quelli che lavorano e, a maggior ragione, sia per quelli che sono sfruttati nelle campagne del Sud o nei capannoni del Veneto. Ma non è vero neppure per i richiedenti asilo, intorno ai quali si è costruita la "bufala" che ricevano dallo Stato 35 euro al giorno.

Ancora una volta, partendo da un dato reale si è costruita una falsa realtà. È vero, infatti, che fino al novembre scorso il Ministero dell'interno spendeva per ogni richiedente asilo 35 euro (dopo novembre la spesa è stata ridotta a 20 euro al giorno). Ma quel contributo veniva versato ai diversi enti, pubblici o privati, che si occupano dell'accoglienza e speso in servizi, variabili a seconda dei bandi, ma sostanzialmente in costi di mantenimento delle strutture di accoglienza, vitto, beni di prima necessità, mediazione linguistica e culturale, con un residuo (il cosiddetto *pocket money*) di 2,50 euro al giorno per ogni migrante. Che cosa significa tutto questo? Significa che quei 35 euro (la "pacchia", ricordi?) sono spesi *per* i richiedenti asilo ma alimentano un mercato e una serie di attività lavorative di italiani, perché tali sono pressoché *in toto* gli operatori delle strutture di accoglienza e i fornitori di beni e servizi. Spesi, dunque, per i richiedenti asilo, ma in misura superiore al 90 per cento a beneficio di italiani.

Aggiungo, tra parentesi, che tra questi c'è chi – italiano per lo più, e la cosa non ci fa onore – ha fatto dell'accoglienza un business. L'Associazione Libera, tra gli altri, non ha mancato di denunciarli. Come combattere questo malcostume? Ovviamente individuando e punendo i mascalzoni – mafiosi e corrotti – che lucrano sulla disperazione di tante persone, ma prima ancora con una politica trasparente di governo del fenomeno migratorio. Dove ci sono o persistono le "zone grigie" o "sommerse", si creano le condizioni per le presenze mafiose e criminali. Ma tutto questo non dipende certo dai richiedenti asilo o dai migranti in genere.

E, poi, dire che occupandoci dei migranti ci dimentichiamo dei poveri e dei bambini di casa nostra è decisamente vergognoso. La politica, espressa da tutti i Governi che hanno accompagnato la crisi economica dal 2008, non solo non si è occupata dei poveri in aumento, ma ha negato, fin quando ha potuto, che in Italia esistesse un problema di povertà crescente. Solo quando la realtà della miseria e della disuguaglianza, ormai impossibile da nascondere, ha fatto irruzione nelle campagne elettorali, si sono presi i primi provvedimenti del tutto insufficienti. È bene ricordare che la stessa Europa, ancora nel 2016, ha richiamato l'Italia per le proprie inadempienze rispetto a provvedimenti nei confronti della povertà assoluta. Nel nostro piccolo – dico *nostro* facendo riferimento al lavoro di realtà come il Gruppo Abele e Libera – il contrasto di mafie e corruzione è un impegno contro la povertà, visto che le mafie, come dicono accreditati studi economici, ne sono una delle cause principali e che tra le loro vittime vanno annoverati non solo i morti ammazzati, ma anche le centinaia di migliaia di "morti vivi", persone a cui mafiosi e i corrotti tolgono lavoro, speranza, dignità. La creazione della campagna "Miseria Ladra" e della "Rete dei Numeri pari" ha cercato proprio di accendere i riflettori delle Amministrazioni per adeguate misure di contrasto alla povertà. Ed è solo un esempio.

Ma è la stessa prospettiva della "priorità" per gli italiani che, a ben guardare, è sbagliata e controproducente oltre che inumana.

Il rifiuto, i provvedimenti restrittivi, le espulsioni, i gesti di peggior razzismo non riguardano i migranti in quanto tali ma *i migranti poveri*. Hai mai visto dimostrazioni per cacciare gli svizzeri, gli svedesi o gli statunitensi che vivono in Italia? O per rimandare nel loro Paese gli attori o i calciatori che si sono stabiliti nelle nostre città o i ricchi inglesi e americani che hanno acquistato ville e vigneti nelle campagne toscane e piemontesi? O proteste di piazza per dare il benservito agli amministratori di società multinazionali che si sono impadronite di nostre imprese (spesso per poi trasferirle altrove)? Ovviamente no.

Il rifiuto nei confronti dei migranti si concretizza in un rifiuto selettivo nei confronti dei poveri. Oggi i poveri stranieri, domani quelli italiani. Anzi, non occorre aspettare domani. La ricordata legge su immigrazione e sicurezza, infatti, punisce con il carcere chi chiede l'elemosina in modo molesto e addirittura i posteggiatori abusivi recidivi (per i quali è prevista la pena minima di sei mesi di arresto). Il fatto è che i diritti sono indivisibili e non si proteggono i poveri italiani se si perseguitano i poveri stranieri. Sta accadendo negli Stati Uniti e in Ungheria, retti da Governi che hanno fatto del nazionalismo una bandiera e dove i senza tetto (e talora anche chi li aiuta) rischiano il carcere. Ed è sempre accaduto nella storia. Come ci ha recentemente ricordato Tomaso Montanari richiamando un passaggio dello storico americano Christopher Browning il quale, in *Uomini comuni. Polizia tedesca e soluzione finale in Polonia*, racconta che, di fronte alla necessità di uccidere un certo numero di persone in una rappresaglia (nel settembre 1942), il sindaco polacco e gli ufficiali tedeschi si accordarono per «colpire due sole categorie: quella degli stranieri e dei residenti temporanei più quella dei cittadini "privi di sufficienti mezzi di sussistenza"». Settantotto polacchi furono condotti fuori dal Paese e fucilati: un poliziotto tedesco ricorda che furono uccisi solo «i più poveri tra i poveri».

Stiamo attenti! Bisogna evitare che riaccada quello che è stato descritto con grande realismo dal pastore luterano tedesco, Martin Niemöller, arrestato per la sua opposizione al regime nazista e internato nel campo di sterminio di Dachau:

> Prima di tutto vennero a prendere gli zingari, e fui contento, perché rubacchiavano. Poi vennero a prendere gli

ebrei, e stetti zitto, perché mi stavano antipatici. Poi vennero a prendere gli omosessuali, e fui sollevato, perché mi erano fastidiosi. Poi vennero a prendere i comunisti, e io non dissi niente, perché non ero comunista. Un giorno vennero a prendere me, e non c'era rimasto nessuno a protestare.

5. Diversi

«Comunque sia – si continua – gli stranieri sono diversi da noi. Nel colore della pelle, nella lingua, nelle abitudini, nella religione. Li senti parlare e non li capisci. Stanno sempre tra di loro. E noi non viviamo più tranquilli, abbiamo paura. E perdiamo le nostre tradizioni e la nostra cultura».

Qui il disaccordo è totale, anche se capisco alcune di queste paure.

Sarà perché sono anch'io un migrante. Sono nato in Veneto, a Pieve di Cadore, provincia di Belluno, nelle Dolomiti. La mia famiglia si è trasferita a Torino negli anni Cinquanta, quando ero bambino. La nostra prima casa fu una delle baracche del cantiere dove lavorava mio padre, uno degli operai impegnati nella costruzione del Politecnico. La fatica del lasciare la propria terra, del trasferirsi in una grande città – dove l'accoglienza e la generosità di alcuni non facevano dimenticare le chiusure e i rifiuti di altri – mi ha segnato nel profondo, ma mi ha anche aiutato a mettermi nei panni degli altri, a capire, ad esempio, le storie di quei ragazzi che, qualche anno dopo, sarebbero arrivati a Torino dalle regioni del Sud per percorrere e vivere strade sconosciute. Spaesati. Sui portoni di molte case una scritta terribile: «Non si affittano case ai meridionali».

E anche allora molti piemontesi dicevano che loro avevano abitudini diverse, non si capiva come parlavano, piantavano i pomodori nella vasca da bagno e tante altre cose simili. Molti di quei ragazzi passavano la notte sui vagoni parcheggiati nella stazione di Porta Nuova, affidando al domani la speranza di un cambiamento. E a me è accaduto di condividere le loro esperienze, di sentire le loro speranze, i loro smarrimenti.

Molto è cambiato da quel tempo; ma a distanza di decenni ho la netta percezione di ritrovare gli stessi contesti di allora e dei primi passi del Gruppo Abele, negli anni Sessanta. Immigrazione, prostituzione, carcere, dipendenze... Sono tutte realtà che abbiamo affrontato ieri e che oggi ritroviamo con sorprendente attualità.

Le diversità provocano paure.

Le diversità sono imprevedibili, fuori dagli schemi. Le incontriamo fin da bambini e il cammino di ogni vita è segnato dall'incontro con persone differenti da noi. Di più, l'incontro con gli altri è il sale della vita e pensare di ostacolare o espellere la diversità significa privare una società della sua stessa forza vitale, la forza che allarga i suoi orizzonti culturali e la fa guardare avanti con fiducia, senza cercare nella *sicurezza* – parola anch'essa molto ambigua – il solo rimedio alla paura del futuro. La questione diventa evidente se solo si pensa alla musica, allo spettacolo, allo sport, alla cultura. O se guardi i tuoi figli più grandi che studiano o lavorano all'estero o quelli più piccoli che giocano con altri bambini di diverso *colore* e abitudini, arricchendosi reciprocamente senza nemmeno accorgersene.

Certo, la diversità può anche fare paura e, anzi, ciò accade spesso.

Ma le ragioni delle paure che attraversano la società sono prima di tutto altre, a cominciare dalla fragilità di un sistema che non produce lavoro, che priva i giovani del futuro, che degrada i diritti a privilegi e genera, per questo, ingiustizie e preoccupazioni. Te ne segnalo alcune, di paure.

La paura della solitudine, di sentirsi soli, abbandonati. La paura che deriva dalla perdita del legame sociale, del senso di comunità. La paura che invade una società frantumata, dove i rapporti si sono deteriorati a causa della logica del profitto, quella logica che ci fa percepire gli altri come avversari in competizione con noi. Poi la paura che nasce dai vuoti e dalla mancanza di curiosità culturale, dall'analfabetismo di ritorno, dall'incapacità o dalla difficoltà di capire i cambiamenti, dal sentirsi sovrastati da meccanismi e logiche incontrollabili. La paura che le nostre vite siano in mano a incognite e fattori imprevedibili. La paura che apre lo spazio alla superstizione, al mercato delle illusioni e, da lì, a forme di condizionamento e di potere. Ancora, la grande paura economica. Paura di un sistema che non protegge più le persone, che distrugge il lavoro o lo degrada a prestazione occasionale e indegnamente retribuita, che alimenta le disuguaglianze e smantella lo Stato sociale, il sistema di servizi e di garanzie che ha consentito lo sviluppo e la tenuta delle democrazie. Infine, la paura della perdita d'identità.

Come vedi, sono tutte paure che non hanno nulla a che fare con l'immigrazione.

È su di esse che – usate strumentalmente – si innesta la paura dell'altro, del diverso, dello straniero. È una delle paure più pericolose, perché può generare ostilità, aggressività e perfino odio. La radice del male è sempre l'ignoranza, perché si odia quello che non si conosce. Conoscere è smettere di odiare. Conoscere è scoprire che l'altro è meno diverso di quello che ci appare. Conoscere è riconoscersi, è scoprire l'altro non solo fuori ma dentro di noi.

Lo so bene. Se uno ha paura non basta dirgli che non ne deve avere. Ma le paure devono essere affrontate e contenute, non sfruttate a fini di consenso e di potere, come sta invece accadendo in molti Paesi dell'Occidente, dove politici senza scrupoli raccontano che la paura non deriva dalla fragilità intrinseca del sistema ma dalla minaccia esterna al nostro benessere.

L'immigrazione è una sfida cruciale del nostro tempo, quella che più di altre ci pone di fronte

a un *bivio*: da una parte diventare una società aperta, giusta, accogliente; dall'altra diventare una società chiusa, diffidente, dominata da aggressività e fantasmi che – la storia lo insegna – invece di metterci al riparo dall'insicurezza, la alimentano.

Se le paure sono aumentate è anche perché non abbiamo saputo interpretare i cambiamenti in atto e inventarci nuove forme di lotta e di impegno. Non basta protestare contro l'aggressione ai diritti, bisogna anche chiederci cosa abbiamo fatto per difenderli! E, poi, non possiamo costruire il cambiamento senza uno sguardo ampio. Il nostro è un tempo di diritti negati e disuguaglianze, tempo dell'*io* e non del *noi*. Tempo di una crisi economica che è innanzitutto etica, culturale e politica, crisi di un sistema che ci ha impoverito tutti e ha costretto milioni di persone a lasciare terre e affetti alla ricerca di una vita migliore.

Il futuro ci chiede di andargli incontro, non di attenderlo arroccati nelle nostre ansie. Il futuro ci chiede di accoglierlo, inventandoci forme di convivenza nuove, che non si limitino a una coesistenza precaria e forzata, ma si fondino sulla sintesi tra diversità che segna da sempre il cammino della vita.

L'intelligenza delle menti e dei cuori può impedire che l'incontro con la diversità diventi scontro con l'"avversità". L'interazione incontra da sempre resistenze e può produrre conflitti. Va perciò accompagnata passo per passo, con la giusta gradualità. E si compie solo costruendo le condizioni perché chi arriva, oltre che accolto, si senta *riconosciuto* e quindi *responsabile* verso la comunità che lo accoglie.

Tutto questo è possibile. A meno che tu dica "differenza" e "diversità" intendendo piuttosto "inferiorità". Ma questo è il cuore del razzismo.

6. Memoria

Una delle paure più grandi, come ho appena ricordato, è quella di perdere la nostra identità, il nostro mondo, le nostre tradizioni. Il senso della perdita traspare dalle parole, dagli atti, dai gesti anche quando non è percepito nella sua reale dimensione. Esso tocca soprattutto i più anziani, ma anche i giovani. Ed è naturale che sia così perché è l'identità che ci dà sicurezza e riferimenti solidi. Ma per sapere chi siamo bisogna sapere da dove veniamo, dobbiamo includere la nostra storia in una storia più grande che ci precede e che abbiamo il compito di sviluppare.

Il nostro Paese soffre di una grave emorragia di memoria. Tanta gente non sa, ad esempio, che cos'è stata la guerra, che cos'è stato il fascismo o ne conosce versioni manipolate, superficiali. La memoria celebrativa, d'occasione, è contraria alla vera memoria. Ma lo è anche l'informazione sbrigativa, compulsiva, che ci sommerge di notizie ma non ci aiuta a contestualizzarle, a capirne il significato profondo.

Guardiamo, allora, dentro di noi e cerchiamo di comprendere la nostra storia. Anche per elaborare risposte coerenti alle nostre paure.

Siamo più di ogni altra cosa un popolo di migranti. Appena unita l'Italia ha cominciato a "sparpagliarsi". Dal 1861 ad oggi sono state re-

gistrate più di ventiquattro milioni di partenze. Nell'arco di poco più di un secolo, un numero quasi equivalente all'ammontare della popolazione al momento dell'unità d'Italia si è avventurato verso l'ignoto. Ed è stato un esodo che ha toccato tutte le regioni italiane. Tra il 1876 e il 1900, prevalentemente il Nord, con tre regioni che hanno fornito da sole il 47 per cento dell'intero "contingente migratorio": il Veneto (17,9 per cento), il Friuli Venezia Giulia (16,1 per cento) e il Piemonte (12,5 per cento). Nei due decenni successivi, il primato è passato alle regioni meridionali. Con quasi tre milioni di persone emigrate soltanto da Calabria, Campania e Sicilia. Quasi nove milioni da tutta Italia.

C'è un dato che ti invito a non sottovalutare: gran parte della nostra emigrazione è stata clandestina. In un tempo neanche troppo remoto, i clandestini, i "messi al bando", eravamo noi. Noi, gli italiani. Anche la gente del "Nord": lombardi, veneti, piemontesi, friulani. Come ha documentato Sandro Rinauro nel libro *Il Cammino della speranza*, ancora nel secondo dopoguerra l'immigrazione italiana clandestina superava quella regolare. Nel 1959, in Germania, gli immigrati "invitati" con selezione ufficiale, chiamati a svolgere un lavoro già assegnato (come si vorrebbe dai migranti di oggi) erano 24.000, mentre erano mille in più quelli entrati illegalmente, spinti dalla fame, dal bisogno. Negli anni successivi alla guerra, nella regione di Parigi l'80 per cento degli immigrati italiani era arrivato senza un contratto di lavoro, clandestinamente o con un visto a tempo. Fortunatamente il Governo francese si mostrò accomodante, perché quella manodopera serviva, e fece ricorso alle sanatorie. Negli Stati Uniti uno dei soprannomi affibbiati agli italiani era "Wop", cioè *without passport*, "senza documenti". Anche la gran parte dei familiari, che emigrava per raggiungere chi aveva trovato lavoro all'estero, lo faceva illegalmente.

Aggiungo che – a differenza delle belle favole che raccontano molti odierni seminatori di odio – non siamo certo stati accolti "a braccia aperte". «Volevamo braccia, sono arrivati uomini», ha detto trent'anni fa lo scrittore svizzero Max Frisch, per cercare di spiegare l'ostilità dei suoi compatrioti verso gli immigrati italiani. Pensa che nel 1896 le autorità elvetiche furono costrette a organizzare dei treni speciali per mettere in salvo i nostri concittadini immigrati, presi di mira da tre giorni di violenta aggressione razzista a Zurigo. Tre anni prima nel sud della Francia, ad Aigues Mortes, a subire la stessa sorte erano stati gli immigrati italiani impiegati nelle saline, accusati dai colleghi francesi di "portare via il lavoro": dieci le vittime "ufficiali", probabilmente cinquanta o più quelle reali. Negli Stati Uniti poi, dove numerosi sono stati gli episodi razzisti a danno di immigrati italiani, un accreditato giornale scientifico (la *North American Review*) si spinse a scrivere, nel maggio 1922, un articolo dal titolo *Immigrati mentalmente inferiori* in cui si legge:

> Non abbiamo spazio in questo Paese per l'"uomo con la zappa", sporco della terra che scava e guidato da una mente minimamente superiore a quella del bue, di cui è fratello. La percentuale degli stranieri con un'età mentale inferiore a quella di un undicenne è del 45,6 per cento. Dobbiamo opporci agli arrivi dall'Italia, con il 63,4 per cento di immigrati catalogabili al gradino più basso della scala.

Dunque, se c'è un popolo che ha il dovere di ricordare è il nostro, che ha avuto una recente, imponente storia di migrazione fatta anche di sofferenze, fatiche, umiliazioni, di "no" sbattuti in faccia. Eppure quella storia sembra dimenticata. Ciò comporta un deficit di cultura e di memoria che si traduce in un deficit di sensibilità e, contemporaneamente, ci allontana dalle nostre radici e dalla nostra identità.

C'è di più. Le migrazioni di ieri, come quelle di oggi, sono state piene di difficoltà e sofferenze. Anche le nostre. Le montagne del Piemonte hanno conosciuto con l'emigrazione italiana le stesse storie che vivono oggi i migranti provenienti dall'Africa che cercano di raggiungere la Francia. C'è, in una delle interviste raccolte da Nuto Revelli ne *Il mondo dei vinti*, una testimonianza illuminante nella sua essenziale semplicità (quella di Magno Arneudo, classe 1892):

> Io andavo tanto in Francia, tutti gli inverni. Mussolini non faceva più il passaporto, noi passavamo attraverso la montagna. Una volta entravamo in tre, abbiamo tentato di passare da Briga e da Tenda, ma non siamo riusciti. Allora siamo tornati a Bersezio, abbiamo preso il tabaccaio come guida, gli abbiamo dato venti franchi e venti lire italiane a testa, ci ha portati in Val Tinée. Abbiamo camminato di notte, come ladri, come briganti, e andavamo poi solo a cercare un lavoro.

Anche allora non tutti arrivavano alla fine del viaggio. Ieri come oggi, la strada dell'emigrazione "clandestina" era piena di pericoli. Il comune di Giaglione, in Val di Susa, arrivò a chiedere aiuto alla prefettura di Torino «non avendo più risorse per dare sepoltura ai clandestini che morivano nell'impresa disperata di valicare le Alpi». Fra le tante storie tragiche, due finirono sulla prima pagina della *Stampa* in una sola settimana. La prima, il 25 novembre 1947, è quella di una donna partita dalla Sicilia e in viaggio a piedi verso Grenoble con i suoi sei bambini, tutti inferiori ai dieci anni: sorpresa dalla tempesta, la famiglia passò la notte al gelo e una delle bambine morì. La seconda è di soli tre giorni dopo: i cadaveri di una famiglia di cinque persone ritrovati da due contrabbandieri sul nevaio del Clapier.

Anche allora chi conosceva i passaggi faceva da guida, come il tabaccaio di Bersezio citato nel libro di Revelli. Come sempre, c'era chi lo faceva gratuitamente e chi se ne approfittava. Nel 1948 il sindaco di Bardonecchia, Mauro Amprimo, decise di affiggere un manifesto nelle vie del paese per invitare le guide alpine a essere meno ciniche: «Anche se compiono azione contraria alla legge, sappiano almeno compierla obbedendo a una legge del cuore [...] scegliendo altresì condizioni di clima che non siano proibitive e non abbandonando i disgraziati emigranti a metà percorso».

Questa è la nostra storia e, per mantenere la nostra identità, dobbiamo essere con essa coerenti. Non è, infatti, solo una storia. È anche una cultura. Abbandonandola, dimentichiamo noi stessi, quello che siamo.

Quale cultura respirano i bambini che stanno crescendo in questi anni? Che parole ascoltano? Che cosa si forma nella loro testa quando vedono alunni della loro classe esclusi dalla mensa scolastica perché i genitori non sono in grado di pagare la retta, o che da un giorno all'altro non trovano più il compagno o la compagna di banco perché la sua famiglia è stata raggiunta da uno sfratto o spazzata via da uno sgombero?

7. Muri

Le paure costruiscono muri anche se i muri, come le armi, non le attenuano ma le ingigantiscono. E quando dico "muri" intendo tutto quello che ostacola, impedisce il passaggio: muri veri e propri, ma anche fili spinati, eserciti e polizie schierate, porti chiusi, frontiere blindate. Realtà che si moltiplicano: in Italia, in Europa, negli Stati Uniti. Solo i Paesi poveri sembrano esserne esenti, eppure la maggior parte delle migrazioni è interna all'Africa e all'Asia.

L'odierna situazione italiana è chiara: chiudere i porti e impedire l'accesso a chiunque, compresi i bambini e i malati, chiudendo gli occhi persino di fronte alle torture, agli stupri, agli omicidi che sono la regola nei campi di raccolta libici. Ciò viola il più elementare senso di umanità e anche precise regole giuridiche. Anzitutto l'articolo 2 (diritto alla vita) e l'articolo 3 (divieto di trattamenti inumani e degradanti) della Convenzione Europea per i diritti dell'Uomo. Non solo. Il diritto internazionale del mare impone agli Stati – e, quindi, anche alle autorità italiane – l'adozione delle misure necessarie perché tutte le persone soccorse possano sbarcare nel più breve tempo possibile in un luogo sicuro. Dopo ogni salvataggio, invece, il diritto allo sbarco in un porto sicuro viene negato utilizzando distinzioni strumentali, come quella tra profughi e migranti economici, o polemiche infondate come quelle sul ruolo, nelle operazioni di soccorso nel Mediterraneo, delle ONG (la cui correttezza comincia infine ad essere riconosciuta, sia pure con diversi accenti, dalle stesse autorità giudiziarie che hanno aperto procedimenti nei loro confronti). È facile cogliere in queste polemiche un'impostazione che cerca di delegittimare e sporcare tutto al fine di giustificare e dare dignità al proprio egoismo e al proprio rancore. E non c'è solo questo. Ai muri *esterni* si affiancano quelli *interni* tesi a rendere difficile la vita dei migranti più precari, a cominciare dai richiedenti asilo (per i quali il "decreto Salvini" ha addirittura limitato la possibilità di iscriversi nei registri anagrafici del Paese in cui vivono). In questo contesto si assiste alla chiusura o allo smantellamento di alcune delle esperienze di accoglienza più significative anche in termini di convivenza tra migranti e popolazione locale. Ricordo per tutte quella di Riace su cui si sono concentrate iniziative amministrative e giudiziarie che sono andate ben oltre il doveroso controllo di legalità e correttezza amministrativa e che hanno prodotto, nei fatti, l'interruzione di un modello di accoglienza che aveva generato lavoro e sicurezza e costruito la ricchezza umana e sociale di una comunità.

Non sta meglio l'Europa, che un giorno dovrà rendere conto delle sue politiche sull'immigrazione. Da un lato c'è l'indifferenza o lo scaricabarile degli Stati fondatori, arrivati al punto, a cavallo dello scorso Natale, di rifiutare per intere settimane l'accoglienza di 49 migranti raccolti in mare dalle navi di due Ong (49 persone: meno di due classi di una scuola o degli abitanti di un piccolo condominio). Dall'altro la vergogna dei muri e dei fili spinati reali. Salvo poche eccezioni, la politica sull'immigrazione risponde a questa logica cinica e opportunistica.

L'Europa ha alzato il muro dell'indifferenza, costruito con una ipocrisia di fondo e con un atteggiamento schizofrenico. Ne è un esempio il Trattato di Lisbona del 2007, che pone la solidarietà come elemento fondante dell'Unione Europea nei suoi rapporti interni e in quelli con Paesi terzi, ma a cui hanno fatto seguito atti politici che vanno in direzione opposta. Rientrano in questo quadro la riduzione dell'immigrazione a una visione contabile – per altro smentita dai fatti, dato il rifiuto di molti Paesi di farsi carico dell'accoglienza e dell'inclusione di una quota di immigrati – e l'enfasi sulla libertà delle merci e dei trattati commerciali a scapito della libertà delle persone, stigmatizzate con efficacia dal grande economista Federico Caffè: «Al posto degli uomini abbiamo sostituito i numeri e alla compassione nei confronti delle sofferenze umane abbiamo sostituito l'assillo dei riequilibri contabili». E vi rientrano vergogne politiche come il trattato con la Turchia: sei miliardi di euro ogni anno regalati a un Governo oppressivo per trattenere i profughi della guerra in Siria, impedendo loro di raggiungere l'Europa. **I trattati con Paesi dittatoriali per bloccare l'arrivo di migranti e profughi sono una pagina della Storia altrettanto vergognosa di quella delle leggi razziali, mossa dallo stesso disprezzo e indifferenza per la dignità umana.**

I muri non sono delle escrescenze improvvise. Alle loro spalle c'è la cultura dei confini. Eppure i confini non esistono in natura. Sono convenzioni umane, fonte di nazionalismi, ingiustizie, violenze, guerre. Oggi essi attraversano la società e la frantumano in tante comunità chiuse, in tanti piccoli egoismi. Più che dogane diventano *solchi* che dividono l'umanità in due: da una parte – per usare le parole di Primo Levi – i "sommersi", dall'altra i "salvati" nella logica selettiva di un sistema basato sul profitto, non sulla dignità della persona. Così il passo dai confini ai conflitti diventa molto breve.

Bisogna ripartire da qui: dall'opposto di muri e confini. Dobbiamo ripartire dall'inclusione degli altri, degli esclusi. L'inclusione dei giovani, degli immigrati, dei poveri. Non per buonismo sentimentale ma perché la relazione è l'essenza della vita, è la forma del suo evolversi, del suo rinnovarsi e rinascere. Senza relazioni, la natura appassisce, diventa sterile e l'essere umano perde anima. È attraverso gli altri che ci realizziamo, che diventiamo pienamente persone.

Ma chi sono "gli altri"? Presenze scomode che – anche restando mute – ci chiedono se la nostra vita abbia un senso, se è una vita in cerca di verità e di giustizia, di libertà e di bellezza. Se è una vita che tende al bene oppure al male. **Gli altri sono i termometri della nostra umanità.**

Relazioni e conoscenza sono azioni alla portata di ciascuno di noi. Ciascuno può avere cura dei propri rapporti e del proprio sapere, che comincia sempre dalla coscienza di non sapere e dalla coscienza dei propri limiti. Chi non sa di essere piccolo non sentirà mai il bisogno di allargare i suoi orizzonti. Ma tutto ciò necessità anche di un *progetto politico*, di un quadro più generale, capace di superare la cultura dei muri e dei confini. A questo progetto alternativo ha dato voce, negli ultimi anni, il papa. Che cosa dice, in sostanza, Francesco? Che per fare cose diverse occorre un *nuovo modo di pensare*, un nuovo modo di rapportarsi agli altri e con l'ambiente. Occorre quella che lui chiama "conversione ecologica". Sapere che nel creato tutto è in relazione, tutto è interdipendente, e che dunque disuguaglianze e dissesto ambientale sono facce di una stessa medaglia: il grido dei poveri è il grido dell'ambiente ferito, violentato, inquinato, cementificato.

Per contrastare l'attuale sistema occorre una rivoluzione culturale, una "conversione ecologica", ossia un pensiero che sappia riconoscere le relazioni tra le forme di vita – le relazioni che *costituiscono* la vita – e che affronti la crisi sociale e quella ambientale come facce di una stessa medaglia.

Occorre un impegno a cui ciascuno di noi può e deve dare un contributo. Un impegno che parta dal basso ma, prima ancora, "da dentro", dall'inquietudine e dalla ribellione delle coscienze, da un cambiamento non solo preteso ma testimoniato dalle scelte e convalidato da un'etica. E che sappia tenere insieme, in uno sguardo comprensivo, promozione dei diritti umani, sociali e civili, tutela dell'ambiente e del creato, impegno per la dignità e la libertà delle persone.

È da lì che dobbiamo ripartire per costruire pace e giustizia. Consapevoli di dover procedere uniti – perché solo così, insieme, il desiderio di cambiamento diventa forza di cambiamento – e di non dover mai perdere la speranza. Come diceva Martin Luther King «solo quando è abbastanza buio, si possono vedere le stelle».

8. «Aiutiamoli a casa loro»

Il culmine dell'ipocrisia, con cui il razzismo nasconde la propria cattiva coscienza e cerca di darsi rispettabilità e credibilità, sta nell'affermazione «aiutiamo i migranti a casa loro», gemella dell'altra: «se partono in meno ci sono meno morti in mare» (dimentica dei morti nei campi libici e smentita, comunque, dai quotidiani naufragi in assenza di soccorsi). Frasi che avrai sentito ripetere spesso e che magari, poco alla volta, ti sono entrate dentro, convincendoti. Ma impara, se posso permettermi un consiglio, a diffidare di queste convinzioni.

Aiutare i migranti a casa loro o, più esattamente, concorrere alla realizzazione di una giustizia globale nella quale tutti e, tra gli altri, i Paesi di maggiore emigrazione, siano liberi da guerre, siccità, fame e oppressione è – dovrebbe essere – l'obiettivo primario della comunità internazionale. Ma è proprio l'indicazione di questo *dover essere* che svela l'ipocrisia di vaghe promesse di possibili risolutivi interventi in sostegno dei Paesi svantaggiati.

Bastano, al riguardo, pochi sintetici rilievi.

Primo. Come si sono comportati nel tempo e come si comportano oggi i Paesi più sviluppati nei confronti di quelli più poveri? Ieri, con il più classico colonialismo di rapina, accompagnato da pratiche mortificanti di razzismo, finanche teorizzate; oggi, con un non meno devastante colonialismo economico, che sottrae ricchezze e materie prime ai Paesi poveri e ne blocca ogni possibilità di sviluppo, spesso con la complicità di élite locali corrotte. Le migrazioni sono quasi sempre conseguenze di questo sistema, *deportazioni indotte*, tragedie di cui l'Occidente ha grandi responsabilità: le colonie un tempo, e oggi la dittatura delle multinazionali, lo sfruttamento delle risorse, la desertificazione, la sottrazione di terre. La realtà è che **l'Occidente ha colonizzato, sfruttato e depredato i territori del sud del mondo, dell'Africa in particolare, e ora pretende che chi vive nella fame, nella siccità o fugge da guerre, accetti passivamente il suo destino.**

Secondo. La fame nel mondo aumenta. **Nel 2017 il numero di persone denutrite è stato di 821 milioni: un abitante del mondo su nove.** Soprattutto in Africa e in America Latina. Nei pochi minuti che hai impiegato a leggere le pagine precedenti sono morte venti persone per malnutrizione. Il mondo – e, con esso, l'Italia – sta facendo poco o nulla per invertire la parabola di questa tragedia epocale. Ma se anche facesse di più (cosa che, ovviamente, andrebbe fatta, e subito) ci vorrebbero anni e anni per raggiungere risultati soddisfacenti. E intanto?

Terzo. Secondo il rapporto 2018 della FAO, la causa principale della fame e della denutrizione sta, oltre che nei conflitti e nella crisi economica diffusa, nei cambiamenti climatici, che stravolgono le stagioni agricole, provocando sempre più spesso eventi estremi come siccità e alluvioni. I cambiamenti climatici nelle regioni tropicali e temperate già minano la produzione di colture fondamentali come grano, riso e mais. **Senza il progetto di costruire alternative radicali, la situazione è destinata a peggiorare** con l'aumentare delle temperature. «I segnali allarmanti di aumento dell'insicurezza alimentare e delle diverse forme di malnutrizione – continua il Rapporto FAO – sono un chiaro monito che c'è molto lavoro da fare per essere sicuri di non lasciare nessuno indietro». Nonostante ciò le diverse conferenze sul clima accumulano stalli e insuccessi. Per ricordarlo c'è voluta, nella recente assise di Katowice, in Polonia, una ragazzina di 15 anni, **Greta Thunberg, la quale ha ricordato ai potenti del mondo che «se le soluzioni all'interno del sistema sono così impossibili da trovare, forse dovremmo cambiare il sistema».** Parole che sembrano riprendere gli ammonimenti del papa nell'enciclica *Laudato sì*:

Molti poveri vivono in luoghi particolarmente colpiti da fenomeni connessi al riscaldamento, e i loro mezzi di so-

stentamento dipendono fortemente dalle riserve naturali e dai cosiddetti servizi dell'ecosistema, come l'agricoltura, la pesca e le risorse forestali. Non hanno altre disponibilità economiche e altre risorse che permettano loro di adattarsi agli impatti climatici o di far fronte a situazioni catastrofiche, e hanno poco accesso a servizi sociali e di tutela. Per esempio, i cambiamenti climatici danno origine a migrazioni di animali e vegetali che non sempre possono adattarsi, e questo a sua volta intacca le risorse produttive dei più poveri, i quali pure si vedono obbligati a migrare con grande incertezza sul futuro della loro vita e dei loro figli. È tragico l'aumento dei migranti che fuggono la miseria aggravata dal degrado ambientale, i quali non sono riconosciuti come rifugiati nelle convenzioni internazionali. [...]
Molti di coloro che detengono più risorse e potere economico o politico sembrano concentrarsi soprattutto nel mascherare i problemi o nasconderne i sintomi, cercando solo di ridurre alcuni impatti negativi dei cambiamenti climatici.

E ancora:

L'ambiente è un bene collettivo, patrimonio di tutta l'umanità e responsabilità di tutti. Chi ne possiede una parte è solo per amministrarla a beneficio di tutti. Se non lo facciamo, ci carichiamo sulla coscienza il peso di negare l'esistenza degli altri. Per questo i vescovi della Nuova Zelanda si sono chiesti che cosa significa il comandamento "non uccidere" quando "un venti per cento della popolazione mondiale consuma risorse in misura tale da rubare alle nazioni povere e alle future generazioni ciò di cui hanno bisogno per sopravvivere.

Quarto. Un'altra grande causa di migrazioni sono le guerre. Quarantasette i Paesi attualmente coinvolti in conflitti; 4.150 le armi nucleari operative; 66 milioni circa i profughi in fuga; tra il 90 e il 95 per cento la percentuale dei civili fra le vittime (nelle precedenti guerre mondiali, non si superava il 50 per cento). Pensa alla Siria, al Kurdistan, alla Somalia, all'Afghanistan: le guerre non scoppiano per caso e richiedono armamenti imponenti. Ebbene, come si comportano i Paesi ricchi (tra cui l'Italia), che dovrebbero "aiutare i migranti a casa loro"? Spesso "esportando la democrazia" con bombardamenti e carri armati. Ancor più spesso producendo e vendendo armi. Ma chi denuncia l'enorme business della vendita di armi pesanti e leggere, con il conseguente moltiplicarsi di conflitti, di vittime e di profughi? E perché sono così rare le voci disposte a denunciare l'aspetto più indecente di questa carneficina, ossia la *convenienza economica* dei conflitti armati? Una convenienza che ha sempre accompagnato l'espansionismo bellico, ma che tocca oggi picchi inediti. Anche qui bastano pochi dati. Nel 2017 la spesa militare mondiale è salita alla cifra stratosferica di 1.739 miliardi di dollari. Stati Uniti (715 miliardi), Cina, Arabia Saudita e India guidano la classifica, ma anche il nostro Paese si "difende" con un dodicesimo posto (29,2 miliardi) a cui si accompagna l'ottava posizione nel campo delle esportazioni: il commercio di armi ci frutta 14,6 miliardi di euro, denaro in buona parte illecito perché le nostre armi sono vendute anche a Paesi responsabili di gravi violazioni dei diritti umani come Turchia e Arabia Saudita, in aperta deroga alla legge 185 del 1990.

L'affermazione, apparentemente suggestiva, "aiutiamoli a casa loro" è, dunque, solo la copertura della indisponibilità all'accoglienza. **Il dovere di accoglienza e di soccorso è la base della civiltà. Se viene meno, l'emorragia di umanità rischia di diventare inarrestabile.** Ecco allora il grande problema, il grande compito: come ricostruire una civiltà che vive una profonda crisi di umanità e di speranza, una società corrosa dal cinismo e dall'indifferenza, lacerata dal rancore e paralizzata dalle paure?

9. Un uomo solo al comando

Il razzismo dei giorni nostri (e del nostro Paese) è strettamente intrecciato con il rifiuto e il disprezzo per la politica. E con l'affermazione che la politica è una cosa sporca e corrotta, che tutti i politici e i partiti sono uguali e che ci vuole un uomo forte (un capo, un duce, magari anche solo un capitano) capace di interpretare desideri e aspirazioni del "popolo".

Questo atteggiamento sembra a molti una novità, una *svolta*. Non è così. Siamo di fronte alla riproposizione del vecchio che assume la veste del nuovo, a un *conformismo* che salvaguarda – come sempre e al di là delle apparenze – gli interessi forti e ripercorre strade già tristemente battute. Il successo, in varie parti del mondo e nel nostro Paese, di personaggi politici che si presentano come "uomini forti" utilizzando armamentari culturali macisti, misogini, xenofobi e omofobi, ricorda in modo sinistro l'ascesa del fascismo negli anni Venti, preceduta da un periodo di recessione economica e culminata negli orrori dell'Olocausto. La risposta a tutto ciò fu la Dichiarazione universale dei diritti umani, non a caso oggi delegittimata e vilipesa.

L'invocazione dell'uomo forte al comando è l'anticamera del fascismo. Demagoghi scaltri e senza scrupoli si ergono a paladini del "popolo" e della "nazione" e acquistano di giorno in giorno consenso, additando nemici di comodo: erano le democrazie e gli ebrei al tempo del fascismo, oggi sono l'Europa e i migranti. In un tempo in cui dominano le disuguaglianze, e le logiche economiche incombono sulle teste e sulle vite delle persone, è facile fare appello alle identità chiuse, ai confini fortificati e a concetti scientificamente infondati – e causa in passato di genocidi – come quello di razza. Non stiamo parlando di fenomeni folcloristici, di estremismi di facciata. Il fascismo non è una prospettiva incerta e fumosa ma un sistema che abbiamo conosciuto in passato, in Italia e in Europa, con sangue, guerre, deportazioni. I fascismi e i nazismi – come rivelano le loro stesse simbologie – sono ideologie aberranti e anche celebrazioni di morte. Bisogna diffidare di ideologie nostalgiche, che magari affascinano con parole d'ordine forti e piene di false promesse.

Un discorso analogo merita il populismo nazionalista. Certo, esso esiste perché il popolo è stato prima abbandonato da chi, per storia e per tradizione, doveva stargli accanto. I populisti, infatti, ingannano i cittadini, seducendoli con illusioni, dopo che i teorici di una libertà di mercato senza freni e correzioni (pensiero dominante anche a sinistra) li hanno abbandonati al loro destino. Il sistema economico dominante ha, dunque, enormi colpe. Ma la denuncia dei suoi mali e l'impegno per eliminarli non giustificano il ritorno a società chiuse, guardinghe, attraversate dal rancore e dalla paura, avvinghiate a un'idea equivoca di sovranità, perché in un mondo interconnesso non ci si può isolare, ma occorre imparare a convivere e a condividere con maggiore equità e giustizia.

Le stigmate dei nazionalismi e dei fascismi che oggi percorrono l'Italia e l'Europa sono quelle di sempre: gli altri rappresentati come nemici, come minacce. Con la differenza, rispetto al passato, che oggi *gli altri* sono i migranti.

Lo so. Il fascismo che riemerge è il sintomo di una democrazia malata e di una politica che non serve più il bene comune. Eppure dalla politica occorre ripartire. Confesso di essere un po' stanco di sentir parlare di "popolo" e di "società civile" contrapposti alla politica.

Politica significa sentirsi responsabili del bene comune, fare la propria parte per difenderlo e per promuoverlo. È questo che, personalmente e come Gruppo Abele e Libera, cerchiamo di fare da sempre, nella convinzione che l'impegno sociale non sia mai neutrale, né limitato alla sola solidarietà. Così, mentre pratichiamo l'accoglienza, denunciamo le cause dell'esclusione e operiamo per eliminarle. Senza questa denuncia, infatti, l'impegno sociale rischia di assumersi una sorta di "delega alla solidarietà", perdendo la sua visione, la sua carica propulsiva e innovativa. Non più spina nel fianco del sistema, ma foglia di fico delle sue inadempienze. Da questa consapevolezza muove il nostro rapporto con la politica. Un rapporto schietto, trasparente, esente da servilismi e secondi fini: piena collaborazione con chi opera per il bene comune; opposizione e denuncia di chi se ne appropria o lo trasforma in privilegio.

Oggi la "peste" del rancore è diffusa, favorita dall'angoscia economica, dalla mancanza di lavoro, dall'assenza di opportunità e prospettive. L'immigrato – il "diverso" in genere – diventa così il capro espiatorio, come è accaduto in altri tragici momenti della storia. Ma una politica che, invece del ragionamento sensato, alimenta e sfrutta le paure, che spaccia illusioni invece di costruire speranze, è una politica che svende l'etica in cambio del potere.

A fronte di ciò bisogna avere il coraggio di parlare di disgusto, quel disgusto che risveglia le coscienze e le salva da una passività complice. I gesti e i segni sono importanti. Penso a quanto ci ha insegnato Danilo Dolci – sociologo, educatore e attivista della non violenza – e anche alle ribellioni di singoli, associazioni, persino sindaci contro disposizioni di legge disumane, crudeli e contrarie alla Costituzione. Ma poi bisogna organizzare il dissenso, trasformarlo in progetto.

Anche la politica più lungimirante e coraggiosa da sola può fare poco. Deve poter contare sul sostegno vigile dei cittadini, sulla loro coscienza critica, sulla partecipazione attiva e responsabile di ognuno. Una partecipazione che è insieme nostro diritto e dovere, prevista da quell'articolo 4 della Costituzione secondo cui «compito di un cittadino è concorrere con i propri mezzi alla realizzazione del bene comune».

Oggi il patto di corresponsabilità tra cittadini, politica e istituzioni è in crisi. Da un lato c'è una politica lontana dalle persone, invischiata nei giochi di potere, in interessi privati e talvolta in affari illeciti. Dall'altro, un corpo sociale frammentato, troppi cittadini rassegnati o indifferenti, condizionati da un'informazione spesso manipolata e asservita a quei poteri cui dovrebbe fare da contrappeso.

Ma siamo ancora in tempo per imboccare un'altra strada: quella che tante realtà stanno costruendo sul piano sociale educativo e culturale. Stando vicino alle persone discriminate ed escluse, accompagnandole in percorsi di cittadinanza. **È questa la chiave di volta del cambiamento**. Si tratta di lavorare alla ricostruzione di un mondo dove la legalità e la prossimità, le regole e l'accoglienza, siano dimensioni non alternative ma complementari, facce di una medesima medaglia chiamata democrazia. È compito di una politica coerente con questa impostazione *trasformare le paure in speranze*, indicare orizzonti all'apparenza lontani, ma raggiungibili se accompagnati da testimonianze credibili e atti coerenti.

Dobbiamo contrastare gli speculatori e gli imprenditori della paura, i tanti che, in diversi ambiti, lanciano l'allarme e vendono soluzioni facili a problemi complessi. Dobbiamo farlo con gli strumenti della ragione e della conoscenza, con l'impegno costante e condiviso. La vera scommessa del nostro tempo si chiama *interazione*, che è un concetto più ampio e complesso di integrazione. Quest'ultima è asimmetrica: presuppone un soggetto che integra e uno che, integrato e assimilato, perde la sua specificità. L'interazione è invece orizzontale, reciproca. È scambio e arricchimento per tutti, base di una crescita culturale, sociale, economica.

È sempre il momento di mettersi in gioco, ma questo lo è in modo particolare perché la partita riguarda la nostra convivenza, la nostra civiltà, la nostra democrazia. Di qui l'inevitabilità dell'impegno politico il cui riferimento fondamentale non può che essere la Costituzione del 1948. A settant'anni dalla sua pubblicazione, essa attende ogni giorno di essere concretamente tradotta. Ma è proprio nella Costituzione che troviamo le istruzioni necessarie per costruire una società dei diritti, del lavoro, della dignità. E per archiviare i rigurgiti di fascismi e razzismi.

10. Speranza

Ti ho dato del tu, razzista del terzo millennio, in questa lunga lettera nella quale ho provato a spiegare le ragioni per cui non posso stare dalla tua parte e non posso nemmeno tacere i motivi che mi separano da te. L'ho fatto perché non voglio perdere le tracce di un confronto.

Forse frequenti la chiesa e ti consideri cristiano. Se è così, lasciami dire, senza presunzione, che l'autentico cattolicesimo affonda le radici nel Vangelo, nel suo spirito e nella sua Parola, che è Parola di accoglienza, di dignità, di pace e di giustizia. **Non ci si può dire cristiani e poi alzare muri, costruire comunità chiuse ed esclusive, selezionare e scartare i compagni di viaggio.** Per dirsi cristiani bisogna stare – come Gesù – dalla parte dei poveri, dei deboli, degli oppressi e dei discriminati. Il cristiano non può restare in disparte di fronte alle ingiustizie di questo mondo. Il cristiano deve guardare il Cielo senza trascurare le responsabilità che lo legano alla Terra.

O forse non credi in nulla e dici di essere indignato contro una società che non ti riconosce e non ti consente di vivere in modo decente. L'indignazione è, almeno a parole, una costante dei nostri tempi, fino a dare titolo a libri di successo.

Ma dire indignazione non basta se non cerchi di essere protagonista del cambiamento: di un cambiamento vero e non di quello che dichiara di voler sovvertire tutto per lasciare che tutto resti com'è. Le conseguenze della crisi economica si stanno manifestando come crisi di civiltà. Sulla paura e il disorientamento della gente soffia il vento della propaganda. Ci sono frangenti della storia in cui il silenzio e l'inerzia diventano complici del male. E questo è uno di quei momenti. Ecco allora l'importanza di uscire e di muoversi, di denunciare la perdita di umanità, **senza smettere di chiederci come vorremmo essere trattati se al posto dei migranti ci fossimo noi.** Mettersi nei panni degli altri è la chiave dell'etica evangelica, ma lo è anche di una società consapevole che la vita non ha confini, così come non hanno confini i bisogni, le speranze, i diritti delle persone.

O, ancora, sei affascinato da una "vita spericolata". Se è così, sappi che sono spericolate tutte quelle vite che si lasciano guidare dall'inquietudine intellettuale e morale, dalla sete di giustizia e dal bisogno di conoscere e capire. Non c'è ricerca che non sia rischiosa. Una ricerca è tale solo se va incontro all'altro, all'indefinito, al nuovo, un cammino che spesso rivoluziona le nostre percezioni, i nostri parametri. Mettersi in gioco – per se stessi e per gli altri – è sempre una scommessa, ma è una scommessa vinta in partenza, la vera ricchezza di cui possiamo disporre.

Ricordi l'appello diffuso da Libera, Anpi, Arci e Legambiente che chiamava tutti, il 7 luglio scorso, a indossare una maglietta rossa come quella che portava il piccolo Aylan e come quelle che le madri mettono ai bambini prima di salire sui gommoni perché siano più visibili? Quell'appello, a cui hanno risposto decine di migliaia di persone, era ed è un invito a fermarci, a riflettere, a guardarci non più allo specchio ma in profondità e chiederci che cosa abbiamo fatto della nostra umanità e che mondo stiamo consegnando ai giovani, ai bambini. Ma anche a sostituire il rancore con una solidarietà contagiosa, persino – per quanto possibile – con un po' di gioia. E poi a darsi da fare, a tradurre il "basta al disumano" in fatti concreti. **Perché di fronte al disumano non si può più restare inerti. L'ingiustizia è di chi la commette ma anche di chi assiste e non fa nulla o non fa abbastanza per fermarla. Queste parole sono rivolte anche a te, soprattutto se sei giovane e non ancora del tutto travolto dalla rabbia e dall'insano orgoglio di essere superiore a qualcuno.** La mia generazione non ha realizzato gli obiettivi di giustizia che aveva promesso. Ma non è una buona ragione per abbandonarli. Al contrario occorre riprenderli.

Se davvero vuoi cambiare le cose sappi che per farlo occorre una ribellione contro il conformismo, il condizionamento continuo, l'assopimento delle coscienze. Una ribellione che porti con sé la denuncia dell'ingiustizia e dell'abuso di potere, ma anche la disponibilità a mettersi nei panni degli altri, e in particolare nei panni di chi di panni non ne ha. Dobbiamo scendere nelle strade e gridare forte la nostra voglia di cambiamento. Come credente te lo dico con le parole che il papa ha rivolto ai giovani il 25 luglio del 2013, nella cattedrale di San Sebastian a Rio de Janeiro:

> Desidero dirvi ciò che mi auguro come conseguenza della Giornata della gioventù: spero che ci sia chiasso. Qui ci sarà chiasso, ci sarà. Qui a Rio ci sarà chiasso, ci sarà. Però io voglio che vi facciate sentire nelle diocesi, voglio che si esca fuori, voglio che la Chiesa esca per le strade, voglio che ci difendiamo da tutto ciò che è mondanità, immobilismo, da ciò che è comodità, da ciò che è clericalismo, da tutto quello che è l'essere chiusi in noi stessi. Le parrocchie, le scuole, le istituzioni sono fatte per uscire fuori.

Questo tempo ci dice che dobbiamo ripartire da due cose, umilmente ma tenacemente: le relazioni e la conoscenza. Sono le strade per crescere in umanità e in cultura, due strade che l'umanità ha smesso di percorrere. Partire dalle relazioni perché la premessa di una società giusta e pacifica è l'andare oltre le relazioni opportunistiche e d'interesse, il riconoscere l'altro e il "diverso" come un completamento, un arricchimento della nostra identità. Partire dalla cultura, perché un tempo complesso, soggetto a continue e rapide mutazioni, richiede parole e pensieri che lo sappiano interpretare, che sappiano orientarci nel suo groviglio. Se manca la cultura prevalgono le approssimazioni, le semplificazioni, gli slogan, e da lì le manipolazioni, le "bufale", la propaganda. Viene da qui il mio investimento sui giovani e sulla educazione, che non è una semplice trasmissione di conoscenze ma il richiamo alla necessità di essere protagonisti della storia in una dimensione che privilegi il *noi* rispetto alla solitudine egoistica di ciascuno.

È questo il compito che ci consegna l'iniziativa delle magliette rosse del 7 luglio. Solo se sapremo prendercene cura quotidianamente, renderlo spirito che anima i nostri atti e le nostre scelte, potremo ricordare quella data come un punto di svolta, l'inizio di una stagione di speranza, di giustizia, di ritrovata umanità. **Questo vale per tutti noi, anche per te.**

Dobbiamo saper dire dei no. No alla sopraffazione, no all'ingiustizia, no alla disuguaglianza, no – appunto – al razzismo. Pensa che c'è stato un politico, poi diventato monaco, Giuseppe Dossetti, che in sede di assemblea costituente ha proposto di inserire nella Costituzione un articolo in cui stava scritto che «la resistenza individuale e collettiva agli atti dei poteri pubblici che violino le libertà fondamentali e i diritti garantiti dalla presente Costituzione è diritto e dovere di ogni cittadino». **La disobbedienza civile è fatta soprattutto di rifiuto dell'obbedienza acritica e di gesti esemplari che aprano un conflitto sui temi fondamentali.**

Nella sua lunga storia il Gruppo Abele si è incontrato con varie forme di disobbedienza civile, a cominciare dall'obiezione di coscienza. Si tratta di riprendere un filone, da sempre presente nel pensiero laico e cattolico e nella pratica politica del nostro Paese, che ha avuto interpreti fondamentali e indimenticati. Il senso di questa prospettiva è la «non accettazione del mondo così com'è», per usare un'espressione ghandiana, e la conseguente pratica è quella di gesti esemplari e conflittuali (con il limite del rispetto della dignità e della integrità fisica delle persone) e la non collaborazione con chi «fa il male».

La coscienza della responsabilità, personale e collettiva, è l'etica che abbiamo abbracciato. Ciò ha sempre significato stare nel tempo, nella storia che ci è data, senza eluderne gli appelli e le provocazioni, rispondendo sempre, nei nostri limiti, "ci sono, ci siamo". Il tempo che oggi ci viene dato è un tempo difficile, ambiguo, pieno d'insidie e di pericoli, un tempo schiacciato in un presente senza prospettive, sempre più simile a un vicolo cieco. Lo dico pensando soprattutto ai giovani, perché sono loro le prime vittime di questo presente prigioniero di se stesso, ostaggio di poteri ingiusti o criminali. Un tempo nel quale si gioca – ormai credo sia chiaro a molti – una partita di civiltà. Sì, di civiltà. **Perché quando viene meno il dovere di soccorso, un dovere che nasce dall'empatia fra gli esseri umani, dal riconoscerci gli uni e gli altri soggetti a un destino comune, viene meno il fondamento stesso della civiltà.**

Il tempo che viviamo è segnato da una dittatura dell'effimero, da un eterno presente in cui tutto accade senza lasciare traccia. Conta l'emozione, il clamore, la polemica del momento, ma poi tutto finisce lì, soppiantato da altre emozioni, clamori, polemiche. Calato il polverone dell'emergenza, il paesaggio che si offre ai nostri occhi è sempre lo stesso, solo più desolante e trascurato. È bene esserne consapevoli. E reagire. Bisogna abbandonare l'odio, ma anche smettere di stare a guardare dal balcone.

I tempi sono bui e le prospettive ancora più fosche, ma non abbandono la speranza. Una speranza non generica e di maniera, ma fondata sulla convinzione che, alla fine, la fiducia e l'empatia con le persone saranno più forti dell'odio e del rancore che rischiano di avvelenare anche la tua vita.

La speranza è il più impalpabile, ma anche il più essenziale dei beni comuni. Nessuno di noi può vivere senza sperare: sperare in un domani migliore, sperare che le persone che amiamo stiano bene, sperare che un sogno a cui teniamo si realizzi. Piccole e grandi speranze che formano il tessuto della vita, che la rendono possibile. Lottare per la speranza vuol dire vincere la paura. La speranza emerge quando le paure si allontanano a cominciare dalla paura più grande: quella della solitudine e dell'abbandono, la paura che il nostro grido d'aiuto non venga ascoltato e raccolto. **Ecco da che cosa deriva la tenacia e il coraggio di chi, privato della speranza, attraversa terre, mari, deserti, esposto ai più gravi pericoli, ostaggio di mafie e bande criminali. Chi lotta per la speranza lotta per la vita. In questo senso i migranti ci ricordano la centralità della speranza. La speranza dà vita e gioia; il razzismo – lo tocchi con mano ogni giorno – condanna al risentimento e alla tristezza.**

Per raggiungere questo obiettivo occorre – lo ripeto ancora una volta – sconfiggere l'indifferenza. La storia insegna che le tragedie più grandi sono avvenute anche perché in tanti, in troppi, hanno voltato la testa, hanno scelto la neutralità indifferente. Questo è un momento in cui non si può essere neutrali, in cui bisogna scegliere e dire da che parte stare. Ricordando il rigore etico, l'impegno instancabile, **la speranza incrollabile di don Tonino Bello, che usava dire: «Delle parole dette mi chiederà conto la storia, ma del silenzio con cui ho mancato di difendere i deboli dovrò rendere conto a Dio».**

Il futuro: la voce dei bambini

Sono arrivato alla fine di questa lunga lettera che ho sentito il dovere di scriverti, senza presunzione, per cercare un approfondimento, un confronto, uno studio comune. Perché il futuro è una strada che dovremo percorrere insieme e non sarà indifferente, per noi e per gli altri, il modo in cui lo faremo. Ho usato tante volte la parola "speranza". E voglio concludere proprio con parole di speranza, i pensieri di alcuni bambini di dieci anni che mi sono stati consegnati, in questo gennaio 2019, al termine di un incontro in una scuola primaria torinese, significativamente intitolata ad Anna Frank:

> Io penso che sia ingiusto fare morire le persone in mare quando possiamo ospitarle, dar loro un lavoro e da mangiare. Anche perché sono comunque esseri viventi, non sono dei pupazzi, perciò io dico di farli entrare. (Milena)

> Un giorno bisognerebbe aprire i porti come i cancelli di Auschwitz, per far smettere di morire tutte quelle persone. (Pavel)

> Queste cose che stanno succedendo sono molto brutte. È sbagliato non far sbarcare le persone in Italia. Perché non hanno cibo, né acqua. Vogliono tenerli al freddo, vogliono far scendere il loro umore giù giù come le navi… (Filippo)

Io mi chiedo perché alcuni pensano che i migranti sono diversi e mi dispiace che non li fanno entrare nei porti, perché li devono fare soffrire? Non capisco. (Davide)

Le differenze che qualcuno chiama razze non esistono, perché in qualsiasi religione uno creda è nato comunque sul pianeta Terra, quindi siamo tutti parenti, lontani ma parenti. **Nessuno può insultare un suo parente, quindi in quale Paese si nasce non è importante, perché noi siamo la razza umana**. (Ginevra)

Torino, 27 gennaio 2019
don Luigi Ciotti

Stampato per conto delle Edizioni Gruppo Abele
presso La Grafica Nuova - Società Cooperativa - Torino
febbraio 2019